AF275476

ANTE EL ESTÍO

Catalina Bello

Colección Imaginal

ANTE EL ESTÍO

© Catalina Bello
© Cubierta: *Contraluz en el bosque*
   de Juan Ignacio Vargas Lallement
© Foto de autora: Juan Ignacio Vargas Lallement
© Prólogo: Alfredo Álvarez Álvarez
© de esta edición: Olé Libros, 2025

ISBN: 979-13-87620-91-2
Depósito legal: V-3709-2025
Impreso en España

KALOSINI, S. L.
Grupo editorial olélibros
equipo@olelibros.com
www.olelibros.com

CATALINA BELLO

Catalina Bello nace en el Bierzo, una comarca del viejo reino de León. Al pie del río Sil, allí donde este deja de rugir y se amansa, transcurre su infancia. Más tarde, el traslado a la pequeña ciudad de provincias. En ella, algún poema tímidamente leído y ya olvidado junto con distintas lecturas voraces durante su paso por la universidad.

Su actividad docente y el telón de acero de veinte años, entre techos de cristal y crisantemos sindicales, vinieron luego. Por esa época, realiza algunas esculturas y bajorrelieves con los que participa en exposiciones colectivas.

Una vez finalizado su periplo laboral, colabora en las Ágoras de la Poesía de León, escribe algún artículo de opinión en prensa local y participa en diversas antologías literarias. En el año 2023 inicia su aventura en solitario con un libro de cuentos para adultos titulado *Tormenta y palomar* que, en la actualidad, ha sido reeditado en tres ocasiones.

Ahora, nos presenta el poemario *Ante el estío* en la colección Imaginal del grupo editorial Olé Libros (2025).

A mis amigos y tertulianos de la Casa de León.

A todas esas grandes Ínclitas alcalaínas que siempre me acompañan.

A las muy ilustres gentes del foro leonés de Azogue.

A todos los Letraheridos de la Complutense, por seguir siéndolo.

A Mónica Brobina y todos los saharauis desplazados.

A cada uno de los miembros del grupo Resistencia-Antibulos de León.

A los Notingilianos, con sus bellos y finos Viernes poéticos.

A los que aún perduran en esa Posada de hojalata.

A todas y cada una de mis adoradas Sicilianas.

A mis entrañables compis del Cole.

¡Mi rueda está en la oscuridad!
No veo los radios
Aunque sé que sus aros chorreantes
Dan vueltas y más vueltas...

EMILY DICKINSON

My wheel is in the dark!
I cannot see a spoke
Yet know its dripping feet
Go round and round.

EMILY DICKINSON

Vigilaba la serenidad adherida a las sombras,
los círculos donde se depositan flores abrasadas,
la inclinación de los sarmientos.
Algunas tardes, su mano incomprensiblemente nos conducía
al lugar sin nombre,
a la melancolía de las herramientas abandonadas.
ANTONIO GAMONEDA, *LIBRO DEL FRÍO*

PRÓLOGO
Universos

Me ha parecido conveniente titular este prólogo al libro de Catalina Bello, *Ante el estío*, en la forma como lo he hecho porque, leyendo los versos que conforman este poemario se evidencia, a mi entender, una paleta múltiple de sensaciones cuya construcción se teje a partir de unos mimbres que acaso haya que situar en la primera infancia de su autora, en un pequeño pueblo del noroeste de España; en otras palabras, se nos ofrece en forma de poemas un conjunto de mundos entrelazados, recreados y traspasados por el planeta poético de su autora, rico, lleno de matices y, sobre todo, transmisor de una gran belleza.

El poemario consta de siete capítulos y un total de treinta y un poemas que recorren temas muy heterogéneos. Se inicia con *La última colina*, un hermoso recurso a la nostalgia, de gran lirismo y con hermosas figuras entre melancólicas [*Mi infancia es un carro de paja / teñido por el rojo de sandías…*] y portadoras de sabores de infancia. Se cierra esta primera obra poética de Catalina con el poema *El último cobertizo*, una referencia más al mundo que hoy denominamos rural y que en el poema guarda un espacio propio, un territorio soñado en el cual la autora encuentra retazos de una vida que no desea perder [*Mi casa de*

13

*labranza asombra su luz / exudando emolientes de ma-
dera / y fragancias de floresta*].

Entre ambos poemas, el libro, *Ante el estío*, ofrece
un amplio y diverso repertorio de colores, sabores,
arquitecturas, referencias poéticas (Emily Dickinson
y Rosalía de Castro, entre otras) mediante un diestro
manejo de una multiplicidad de recursos estilísticos
que convierten su lectura en una sucesión de suge-
rencias orientadas a sumergir al lector en los distintos
universos poéticos de su autora, Catalina Bello, res-
catados de ese baúl de sensaciones, miradas y emo-
ciones gestadas en los primeros años de vida y que
perduran para siempre.

ALFREDO ÁLVAREZ ÁLVAREZ

I

HURACÁN EN LA COLINA

La última colina

Mi infancia es un carro de paja
teñido por el rojo de sandías
y lleno de la sangre de guadañas
reventando el dulzor de algún paladar,
desgarrando el sonido de las tráqueas.

Sobre la rueda de madre
oscilo por el empedrado de susurros antiguos.

Con el eje de padre
continúo entreoyendo murciélagos de viejos nidos.

Antes de alcanzar la última colina,
esa donde se vuelcan todos los carros,
esa donde se esparcirán los restos de lo que fui,
aún guardo gorriones que quieren volar,
cascadas que persiguen algún manantial...

Entre los espejos de condecoraciones antiguas
sobre mis sacos de décadas de estiércol y arados,
una ternura nueva,
nace hoy,
devorando mis varas,
dando verdor a mis yugos.

Orando los surcos del olvido,
por ella.
Por ella busco
inmortalidades espurias
en los barreños de pixelaciones abstrusas
en la obscenidad de las letras maniqueas
entre escombros de terraplenes ortográficos.

El olor de los bueyes que me acompaña
y el susurro de mis textos voz
se fundirán algún día,
en la última colina,
esa donde se vuelcan todos los carros.

El rapto súbito de una línea

El rapto súbito de una línea
dibuja en el horizonte
la calle solana,
la casa sonora,
la acequia estrecha...
Bajas,
hasta el empedrado que las circunda
y te paseas por el remolino de sus huellas...

A veces aletea por unos instantes
la llama
—*persigo su agitación*—
de un pequeño vocablo oscuro
donde tú
maceras y acunas pigmentos
dentro de esa línea
—*lo sé*—
donde todo está muerto.

Está muerto el tránsito de aquellos pies
Están muertas las escamas irisadas del pasado
Está muerto el empedrado convulso de los vocablos oscuros

Y hasta carece de vida la garganta
—*por la que regurgito ritmos de palafrenes,*
 querencias de ciénagas—.
Su sonoridad
rasgada por el eco, ahora, indómito
—*que también es mío*—

duerme
—quizá nunca fue—
entre el madroño y la niebla
sobre un papel madreselva
—sin duda—
de manufactura cierta.

REFUGIO ENTRE LOS GRIEGOS

Entre las estrías yertas de antiguas basas,
las lilas olvidadas de Dickinson,
los pétalos de Rosalía,
y algún que otro loto de Yun Zhu
se abren paso buscando la luz del friso.
En cambio,
la pequeña muñeca de Hilda Doolittle,
oculta tras el pórtico de entrada,
despliega sus jardines fatuos.

Aunque
con celo impenitente
lo intente,
en todos mis sigilos
la ambición me reclama,
se impone.
Busco, entonces,
el refugio de las hélades,
y solo hallo
el ungido altar de una única griega.

ANTE EL FUTURO
DE LA TIERRA YERMA

Abro la hora zurda del verso abierto,
con el corazón profanado
ante el futuro de la tierra yerma.

Endulzo mis llagas
con el higo del maravedí
y alguna yegua tierna.

Mi herrumbre desea conocer
qué cuevas de venado abonaré
o cuándo daré leche a los renos...

Entre lavas de escarcha,
voy dando mesura al dislate
y, ante el fin de todos los finales,
pergeño algún huracán de epopeyas
y hasta decido el valor de mi prosodia bajo el mármol...

El cálamo

Un placer
atrapado entre orillas.
Brisa
en las llanuras de algún prado gentil.
Clavículas de piel
en el bello de los bosques umbríos.
Veneros de semen,
turbulentos,
siguen su curso...

Mientras,
en el oblongo crepitar
de las cortezas batientes,
bajo los iridiscentes plumajes
de algún atardecer,
el astillado cálamo
se agita
para escribir un nombre,
el que fue
tu nombre...

II

DESNUDEZ SAGRADA

EL DIOS DEL GRANERO

El horizonte oscuro,
lleno de luz de farolas que vibran,
es albergue encofrador de mendigos
con sus aspas de viento,
remedios de fierabrás
y escudillas repletas.

Bajo las Vírgenes de dedos hirsutos,
presidiendo pórticos y estancias,
se arrodillan los sueños erguidos
de quienes reclaman a oscuras
Pan al dios del granero.

A CONTRALUZ

Hay letras
íntimas y efímeras
en soleados linderos,
en oquedades antiguas,
que hablan con dolorosa verdad.

Hay carátulas que trepan
sobre las tulipas rotas
en los divanes de mujeres tullidas.

Hoy,
con el delantal de la tipografía antigua,
desgarrado por el cúmulo de oprobios,
muestro,
hoy he de mostrar,
en el contraluz de la ignominia,
la majestuosidad de
nuestra desnudez sagrada y femenina.

Alcemos nuestra copa

He pasado la mitad de mi vida sin poder disfrutar del error
He pasado la mitad de mi vida sin el caminar libre
He pasado la mitad de mi vida bajo la violencia mutiladora
He pasado la mitad de mi vida casada en negocio, valorada en camélidos
He pasado la mitad de mi vida entre la sinagoga, la ermita y la alquería
He pasado la mitad de mi vida ante la usurpación de bienes que sí eran míos
He pasado la mitad de mi vida admitiendo sin palabras,
                                                      [escorada en el soslayo
He ocultado mi juventud reflejada en tragaluces ajenos
He tolerado el desfilar de palabras que dejan la sangre llena
                                                      [de limaduras de metal
He vivido la oscuridad de la jungla en los arcos diurnos de la mirada ajena

Basaltos nubios de intolerancia se agazapan trazando su asalto
A veces la oscuridad se cierne en el altar de nuestra belleza identitaria

Cantemos a los perros que nos ladran en nuestra propia lengua de mujeres
Caminemos sobre la lepra sagrada de nuestra eterna oscuridad
Y alcemos nuestra copa para brindar con cáliz de mujer

Luz de luna en las pupilas

La llana tierra piso
de polen renacida.

Me hicieron padecer,
bajo cuello del nenúfar,
con tórculos de indiferencia
y lepra en el oído.

Traté de entronizar
la caverna de tanto laberinto.

Excavaron, entonces,
para confundirme,
vana y pútrida leyenda
sobre mi oquedad de cenobio
y mi jerga de montaña.

Traté de entronizar
la caverna de tantos laberintos.

Ante mi esfuerzo ignoto,
derramaron de nuevo un último epitafio:
el de la ausencia total de mi cordura.

La grave tierra piso,
de nuevo renacida.
Esta vez, sin llanto en la mirada
y con luz de luna en las pupilas.

III

ARCOS DE LUZ

DUERME

Entre donceles de arena
y crisantemos viejos,
duerme
la playa oscura de tu ser.

Inerte,
sobre el dolor de las alondras,
en las pupilas ciegas
de otro ser,
duerme.

Tu nombre

Tú,
dentro,
sobre la piel de un suelo negro,
vuelves.

En los caudales de sangre
de la mirada vacua
de aquel doctor
alzando
tu carne,
vuelves.

Tú,
dentro,
de la que todo lo preside,
con sus arcos de luz entre arbotantes,
y sus vitrinas de calidoscopio,
apareces.

Tú,
dentro,
en ese cofre
donde no amanece
el que pudo haber sido

tu nombre.

VOLVER A NACER

He de resucitar tres veces:
para la gloria de los que me engendraron
para la muerte de los que me hirieron y
para la podredumbre de los que no me nacieron.

He de volver a nacer
con los mismos pies acurrucados
sobre las magulladuras de niña abruptas
en los zapatos de lluvia de los horizontes inciertos.

Ellos me volverán a llevar
por el adoquín de las fanegas antiguas
con sus costuras silentes
a la cosecha de las mismas calabazas
de cecina y estiércol.

Despedazo cada terrón húmedo
de los nardos narrados
para llenarlos con cestos de caracolas sonoras
en todos los añiles rotos...

Bajo las jaimas de arena espesa,
se agiganta la estela abrupta de un vientre
venido de oriente
con ojillos de dromedario
que olfatea los cofres de nanas.

Mi hiena asilvestrada,
sin pertenencia ni hemisferio,
va quebrando,
embargada entre requiebros,
hasta dar consuelo a mi pecado.

Huerto siniestro

Adoquines muertos
reposan sobre los cuerpos.
Lianas de búcaro
espesas de olvido,
y Ariadnas de hilo,
buscan
la mesura angosta de la tarde
en la geometría del huerto de las tumbas.

Huerto siniestro que
prolonga mis pasos.

El último retazo de ti

Con la herida abierta
dentro del acero cúbico del ascensor,
pulso esa tecla que se eleva por entre el vértigo
                                    [de pisos de oscuridad.
Luego,
la puerta detenida,
los laberintos de pasillos encendidos...
Mis pies buscando tu nombre
en habitaciones etiquetadas.

Sorda,
blanca,
con el dosel de oxígeno,
bajo las calvas radiadas de tu pelo,
tu cama.

Me miras,
entre las madreselvas de tubos de hospital
                              [y las caléndulas del oxígeno,
extiendes tu mano de hombre llena de venas de mariposa rota.

Recuerdo,
aquel otro palpitar tuyo,
rosado y erguido,
dentro de mi cuerpo de mujer
abierta por el centro.
Sonríes sin sílabas,
mirando,
sabiendo...

Apartar de mí tu carne de hombre oscura
(mientras *te vuelco las chocolatinas de libros)*
nunca fue fácil
(*en tu regazo*).

Regresan entonces
los laberintos de palabras entre nosotros,
con lo que fuimos
a pesar de
la náusea aquella de tu primera ausencia.

Con esa náusea
la estalactita de mi deambular por el laberinto de pasillos
de regreso.
De esa ausencia en
la estalagmita de aquel último palpitar nuestro;
se compone ahora,
cada gélida mañana de aquella interminable noche,
cada gélida noche de aquel interminable último día
con tu gélida e inapelable última ausencia,
ya para siempre,
por siempre...

OTRO FUE

Otro supo,
más allá de las mimosas y los cántaros,
del nonato entre semillas de crisantemo y calostros.

Sin querencia del origen,
con la leche manada de otros senos,
otra pudo arroparte,
otra fue
la apoderada de tu risa.

IV

QUERENCIAS DE BARRO

ESE LUGAR

Entre las raíces lóbregas
por donde la luz se quiebra,
está ese lugar,
aplastado e infinito,
en el que el espasmo atrapa al gemido.

HÁBLAME

Háblame,
para que yo conozca el vano
de donde viene la palabra *imberbe*,
el epitafio de lo inútil.

Háblame,
para que yo sepa cuál es el tragaluz
por donde entra en el espejo de la nada,
la imagen del gemido.

Háblame,
Háblame...

Incensario desnudo

Mantecas de hiel
zurciéndose en el nácar de fauces,
corroyendo la prolongación del heno.
Bandadas de murciélago
bebiendo en la arqueta de barro.
Lechos embalsamados de codorniz
en un calocho de fuego.
El liquen del incensario desnudo
retiene sus puertas
que no abren.

Salto sobre la hoguera de mi niñez
buscando el perfume de seno
bordado en mi árbol.
Muerda el perro moribundo
la hoguera abyecta de su hielo
y cante yo canciones de cocotero erguido
en la lámpara del cérvix.

Ayer

Ayer,
fue ayer cuando te fuiste
más allá del aura de la patria de tu cuerpo
con todos tus secretos de dedales de ceniza
guardados en los gritos impúdicos de la soga de los días.

La risa del vencedor
se derramaba en mis campos sin tregua
y la risa de la verdad
se circuncidaba en el tatuaje de tu cuerpo.

Ayer,
fue ayer,
cuando decidiste
no volver...

Una grieta lánguida

Agazapadas en la tácita oscuridad,
fauces que se abren
ante la agrieta lánguida de una boca,
ante la gruta de sombra
de un lánguido cuerpo de mujer.

La orilla del pasado

En la aurora de la noche
acervos blancos de ti,
como zoomorfos antiguos,
van cerniendo la corola de mis ingles,
desmayando la oscuridad madura
del árbol que fuimos.

Desde las clorofilas irisadas
vamos mutando, lentos,
hacia nuevas naturalezas,
resarcidos en cada nueva desmembración,
de la orilla del pasado a la que una vez pertenecimos.

CADERAS DE BRISA

Sobre las bielas de un atardecer
en un espacio sin asideros,
de un vagón sin quebrantos...
Aparecen de nuevo:
nanas que susurran eréctiles tiempos de placer
entre los pliegues de tu piel,
entre los remolinos de mis ábsides
y las lilas que ocultan travesaños.

Un tramo se cierne,
esta vez, nuevo
entre los huesos de pezón,
al abrigo de caderas de brisa...

Escamas de dragón

Con las escamas
erguidas en rectilínea compostura
y un gesto despectivo
por las mandrágoras que su carne ansía,
olfatea,
al otro lado de la tropicalidad infernal de su
exhalación,
diminutas junglas.

En la orfandad de un segundo,
una lujuria de escamas
burbujea,
lechosa,
entre copas rosadas de aureolas ocultas
dando paso
a su viscosidad iridiscente.

V

BRUMA AÑIL
EN EL SUEÑO

Desnuda la mañana

Desnudan la mañana
nanas de llovizna,
alcores de epitafios,
celosías de extrañezas
agitando sus pupilas.

Desnuda la mañana,
ausente de recuerdos,
despereza sus axilas.

Bruma en las ventanas,
inercia desplegada
      en salamanquesas y saltamontes,
      en abejarucos y madréporas,
drapeados
      en las danzas de estornino
      y los cantos en añil de algún mirlo...

ENTRE EL MUSGO
DE LOS SUEÑOS

La simiente que perpetúa el tiempo,
la que perdura,
la que es invencible e inevitable,
se esfuma...

Lánguida,
(*hilo de leche que se derrama*
sobre el empedrado gris de los sueños)
palatina y evanescente,
quiebra
en el balcón del porvenir,
derramándose en el musgo de los sueños...

VI

JUEGOS DE ALPACA

Juegos de alpaca

La luz de alpaca y chocolate
esconde a la hiena y el erundés.
Hay sofocados canguros
que expulsan a gritos
sirenas sin voz.

Un niño,
a contraluz
palpa, abstruso,
la ciénaga absurda
que lo separa de sus paraísos.

Acróbata en el tránsito
de limbos machacados,
llena su pelota
de sueños y letargo.

La juega y vota
sobre cada cripta
de mimosas y quebrantos,
sobre cada tumba
de córneas inmaduras.

Mientras,
yo
mimo su juego
con mariposas ausentes
y pergaminos sin voz.

Niña del Sáhara

¿De dónde vienes, niña de piel dorada?
En tu primera mañana,
con las arcas de tus manos,
exploras,
meticulosa,
cada fracción de tiempo.
Luego,
a la tarde,
lo empalas dentro de tu cubo de arena
y muerdes un buen trozo
de helado de chocolate blando de mar.
Algas y gaviotas se te escurren
por la comisura de los labios
mientras pruebas otras bolas:
de fresa y Humbolt,
de cúpula y pozas de arena...
A la noche,
frente a un vuelo de gaviotas,
proyectas,
con tus labios de chicle,
una bola de color turquesa
y te estiras para entrar
en la larga comba
de la arena de los sueños.

Ruedas de guisantes y hamburguesas
te desperezan durante los siguientes días.
Frenética, las persigues por doquier...
Mientras sonríes con la boca casi llena
y comienzas a columpiarte en el globo
que transporta la sangre del mundo.

Subes,
es el último de tus días,
al insecto que vibra y ruge.
Perfecta,
en medio de todas las sombras grisáceas del aeropuerto.
Segura,
en el albor de la luz que te encamina hacia tu desierto.
Cantando,
a pesar de la oscuridad de
los cuarenta años, ya, de la afrenta a tu pueblo.

Brobina y la vieja Europa

Globo, ovo, grobe, obe, bina, Brobina...

En el candil del día:
lana de piel,
bucles ensortijados,
aceitunas tersas
de la niña de almendra.

En el azulete oscuro de la noche,
pelo de seda.

Miel,
en el aceite embalsamado de la vieja Europa,
expandiéndose,
jugando.

¿De dónde vienes, pequeña Brobina?
¿Cuáles son los cánticos de tu aldea?
Miras con avidez la lejanía
y sonríes chasqueando tus dedos.

VII

PERGAMINOS DE CRIN

El terraplén de la pureza

El terraplén del vértigo de la pureza
lo acompañó durante décadas,
entre celosías de dosel
y estiércol de laberintos.

En el rescoldo de los atardeceres,
llenos de manos impávidas,
hilos de lanas sedosas
urdían el enjambre
de su deseo...

Y, en su medianía,
en alguna forma de medida exacta,
le nacía,
algo indómita,
aquel trozo de ternura.

Nanas de gigante

¡Que nanas de gigante arropen,
sobre el desierto de los besos que fueron,
la piel de pergamino de tu tumba!

En el amanecer eterno de tu iris
la bestia negra de la oscuridad,
el circe helado de tu ingle,
muerde la tierra sin flor.

El sudor de las ascuas de tus versos
mana ovillos de ira y miel
sobre el lápiz
de piedra que te cubre.

En la blandura de tu cuerpo
y el acento risueño de tu sur,
las yemas de tus dedos
son crines secas
de la fosa donde yaces,
anaquel de un sueño por volver.

El último cobertizo

La lluvia,
con sus cíclopes de ira,
enturbia
los sarmientos de mis dedos sagrados.

El último cobertizo está cerca,
el látigo de un rayo lo vuelve visible.

Mi casa de labranza asombra en su luz
exudando emolientes de madera
y fragancias de foresta...

Dentro:
el hule y la linaza,
las miradas vacuas de las reses.

Tras la ventana:
las frutas y reptiles,
las asombrosas praderas encharcadas de apocalipsis...

Oculto,
entre mis dedos de niña,
el pequeño batracio
salta
sobre el mandil de rallas.
Con su cresta dentada.

Sus patas tricéfalas
perforan
de iridiscencias doradas,
el resplandor
del último cobertizo.
Ese que,
entre auroras,
se va acercando.
Ese que va a llegar…

ÍNDICE

I. Huracán en la colina

II. Desnudez sagrada

III. Arcos de luz

IV. Querencias de barro

V. Bruma añil en el sueño

VI. Juegos de alpaca

VII. Pergaminos de crin